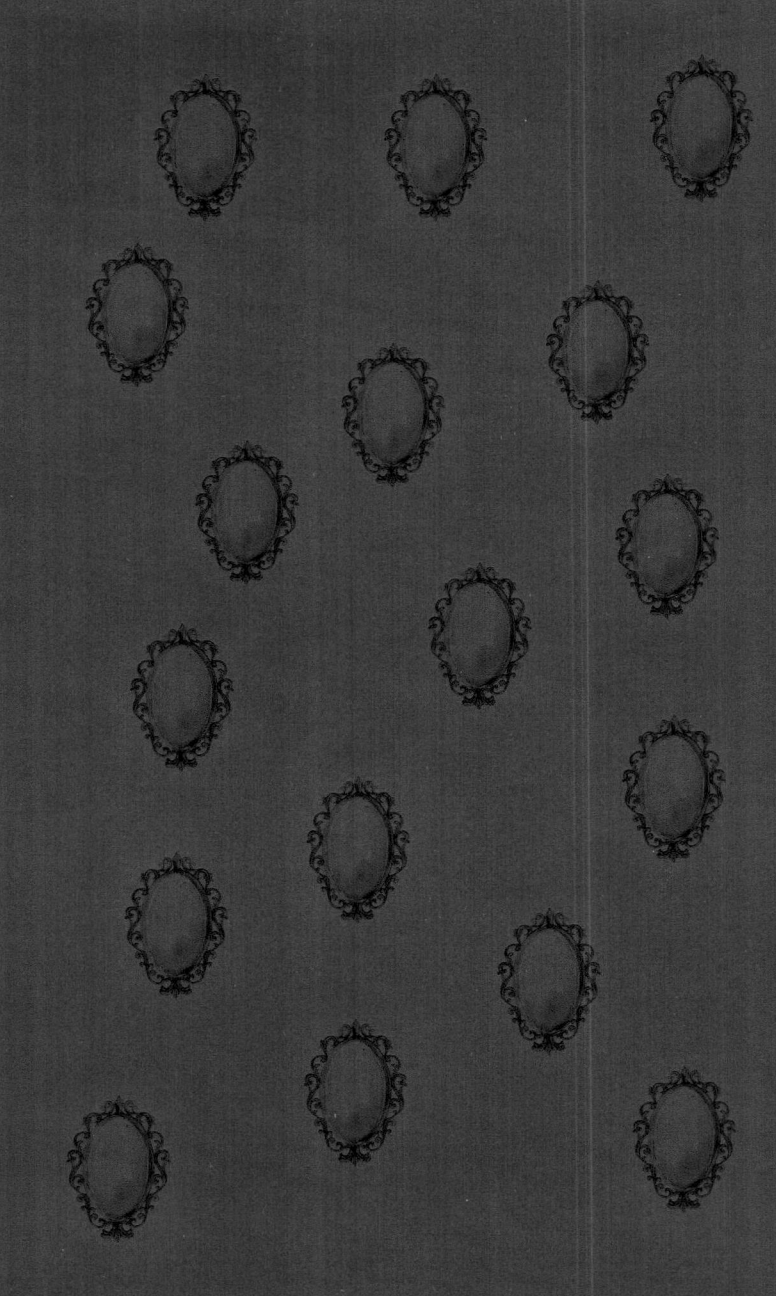

En el espejo de Narciso

PABLO CIRUJEDA

En el espejo de Narciso

Y cómo salir de él

SAN PABLO

© SAN PABLO 2025
Protasio Gómez, 11-15. 28027 Madrid
Tel. 917 425 113
secretaria.edit@sanpablo.es - www.sanpablo.es
© Pablo Cirujeda Ranzenberger, 2025

Distribución: SAN PABLO. División Comercial
Resina, 1. 28021 Madrid
Tel. 917 987 375
ventas@sanpablo.es
ISBN: 978-84-285-7423-5
Depósito legal: M. 18.035-2025
Impreso en Artes Gráficas Gar.Vi. 28970 Humanes (Madrid)
Printed in Spain. Impreso en España

«Crédulo, ¿qué simulacros fugaces
en vano ambicionas?
¡Lo que buscas no existe;
lo que amas, te vuelves y lo pierdes!»,
Ovidio, «Eco y Narciso».

A modo de prólogo:
el narcisismo del siglo XXI

Afirmaba Sigmund Freud, hace ya más de un siglo, que el hombre moderno cargaba con tres heridas narcisistas que pesaban sobre su orgullo, frutos de la investigación científica: la herida cosmológica, la biológica y la psicológica (cf *Una dificultad del psicoanálisis,* 1917). La primera se produjo a raíz de los descubrimientos de Copérnico (cf *Sobre las revoluciones de las esferas celestes,* 1543), que situaron al planeta Tierra en su lugar, muy alejado de ser el centro del mundo como se había creído desde la antigüedad. Hoy sabemos no solamente que giramos alrededor del sol, insertados en un pequeño sistema planetario en la periferia de nuestra galaxia, sino que el universo observable abarca la astronómica cifra de un billón de galaxias, de las que apenas vamos siendo capaces de entender las leyes con las que se rigen y se siguen desarrollando.

La segunda herida narcisista, la biológica, se la deberíamos a Charles Darwin y al posterior desarrollo de las teorías de la evolución (cf *El origen de las especies,* 1859). A partir de sus descubrimientos aprendimos que tampoco está el ser humano situado en el centro de la vida biológica del planeta Tierra, como se había sostenido hasta entonces; como un mamífero más, está sometido a la constante evolución de las especies y, como tal, a su futura extinción y relevo por parte de otras formas vivas que están todavía por surgir. Hoy, además, hemos profundizado en el conocimiento de la interdependencia de todos los seres vivos, así como de la vida microbiológica, y sabemos que no podríamos vivir sin, por ejemplo, las enormes y diversas colonias bacterianas establecidas dentro de nuestro propio cuerpo, que suman tantas o más células que las nuestras, como tampoco podríamos sustentarnos sin el oxígeno producido por el reino vegetal.

Destronados el planeta Tierra y el mismo ser humano del lugar preponderante que creían ocupar, el propio Freud vino a asestarle a su orgullo un tercer golpe definitivo con las teorías del psicoanálisis, que postulan que el pensamiento y el comportamiento consciente de la persona están dominados, en menor o mayor medida, por su inconsciente, que condiciona sus gustos, ideas, amistades, comportamientos, etc. El Yo consciente, por tanto, tampoco está situado en el centro de la vida de la persona, pues se debe a un inconsciente que es el que realmente determina sus expresiones y limita su pretendida independencia. De este modo, concluía Freud, el ser humano, ilustrado por el avance de las ciencias, ha tenido que despertar a la amarga realidad de que el mundo no gira a su alrededor, ni él mismo gira alrededor de sí mismo: a esto lo llamó *heridas narcisistas*.

Un siglo más tarde, en plena era digital, cabe preguntarnos si el ser humano realmente ha asumido su condición de criatura, consciente de sus límites y de sus necesidades, o si más bien no se habrá construido una falsa ilusión de estar situado, hoy más que nunca, en el centro de su universo, para creer una vez más que es un ser inalcanzable como el mítico Narciso. El consumo desmesurado de productos y de recursos energéticos, la crisis medioambiental, la adicción a la inmediatez que ofrece el mundo digital o los crecientes conflictos nacionales e internacionales indican que el narcisismo que Freud creía herido de muerte hace un siglo está más vivo que nunca: el Yo, el Ego, domina la esfera pública y privada del siglo XXI en todos los ámbitos de la vida. Los hombres y mujeres de hoy se muestran de nuevo altivos y alejados de la humildad que se esperaría al haber asumido, auxiliados por la ciencia, la conciencia de su fragilidad y del discreto lugar que ocupan en el mundo y en la historia.

Las heridas narcisistas que observó Freud en el ser humano quizás hoy hayan perdido su significado por formar parte de unos avances científicos asumidos por la humanidad, y ya sanaron, pues están integradas en nuestra cultura y ya no sorprenden a nadie. Ningún miembro de nuestras sociedades contemporáneas vive hoy creyendo habitar en el centro del universo o ser una criatura divina. Sin embargo, las generaciones posteriores a los años 60 del siglo pasado, y que ya no tienen memoria viva de las grandes crisis de la postguerra mundial, han desarrollado nuevas fantasías narcisistas alrededor de la idea de que todo es posible para quien se lo propone y de que la ciencia, que antes nos humillaba, hoy es capaz de convertir en realidad hasta los sueños más atrevidos. De hecho, el narcisismo del siglo XXI está más arraigado que el del pasado, pues desafía a la propia ciencia al negar sus postulados, y se cree dueño hasta de la ciencia misma, la cual, en vez de ilustrar al ser humano, se ha convertido ahora en su servidora.

Por otro lado, el mito de Narciso nos recuerda que nadie puede encontrar la felicidad desde la autocontemplación. La autorreferencia o la pretensión de lograr el placer de modo individual, lejos de colmar las expectativas del ser humano, se han convertido en la nueva fuente de frustración en el mundo de hoy, donde las personas, bajo la apariencia de su autonomía e independencia, esconden su soledad y su anhelo frustrado por conectar y formar parte de una comunidad real de vida.

Partimos de la convicción de que el narcisismo es causado por una distorsión cognitiva, más o menos consciente, que niega una realidad que no se quiere contemplar. Como bien lo describe Alexander Lowen en su extensa obra, «el narcisismo denota un grado de irrealidad en el individuo y en la cultura. [...] Hay algo de locura en una pauta de conducta que sitúa el logro del éxito por encima de amar y ser amado» (ALEXANDER LOWEN, *El Narcisismo. La enfermedad de nuestro tiempo,* Paidós, Barcelona 2000, 13). Ya hemos recordado cómo los antiguos alimentaban la fantasía de que el ser humano se encontraba en el centro del universo y de la misma creación, la cual, por lo tanto, debía someterse a su arbitrio. Hoy esta fantasía ha cambiado de objeto: el ser humano ya no se cree dueño de su entorno o del universo, sino dueño de sí mismo, de su persona, de la cual se siente poseedor al no reconocer su naturaleza ni sus límites.

Entendemos que hoy la ciencia, desde sus diversas disciplinas, nos muestra con gran precisión la relación y el equilibrio que mantiene una persona con su naturaleza animal, con su identidad de género, con el tiempo por el que transita, con su dimensión espiritual, así como con sus relaciones comunitarias y culturales con otros. Estas cinco dimensiones, aun a riesgo de simplificar, definen al ser humano en un contexto específico y le recuerdan que forma parte de una realidad siempre más amplia que la del mero individuo. Pretender ignorar estas relaciones contextuales conlleva una ruptura con la realidad que alimenta un nuevo sueño narcisista en el que el centro de la vida lo ocupo, precisamente, Yo.

La soberbia narcisista, hoy ampliamente extendida, es una actitud negacionista que pretende borrar la historia y el desarrollo de las ciencias para establecer la dictadura del hoy, ahora y aquí. No valora el pasado y sus enseñanzas, sus aprendizajes y las lecciones que nos brinda para no tener que empezar a caminar desde la nada. Tampoco considera el futuro, ni respeta el mundo que está por nacer ni el legado que va a recibir de esta generación. Solamente tienen valor el presente y el ser individual, en detrimento del prójimo y del entorno en el que estamos insertados. Para el ser narcisista, la única historia que tiene valor es la propia, y las demás solamente existen para sostener o afianzar la mía.

En este ensayo, vamos a describir las nuevas ilusiones narcisistas presentes entre los humanos de hoy, y que tienen en común querer negar nuestra frágil naturaleza y sus condicionamientos. Parten de nuevo del eterno sueño de perfección que condenó a Narciso a morir contemplando su selfi reflejado en el agua de una fuente.

1
La ruptura con la naturaleza: la ilusión sobrenatural

«Con el sudor de tu rostro comerás el pan, hasta que vuelvas al suelo, pues de él fuiste tomado. Porque eres polvo y al polvo tornarás» (Génesis 3,19).

Los conocimientos científicos actuales acerca de la naturaleza humana nos siguen revelando de forma fascinante y abrumadora la complejidad de los procesos biológicos que rigen nuestras vidas. Lejos quedaron los intentos meramente racionales más o menos afortunados para intentar comprender el funcionamiento de nuestro cuerpo y de nuestra mente, que dominaron durante siglos la enseñanza de la medicina, como la teoría de los cuatro humores atribuida a Hipócrates y que todavía fue defendida hasta entrado el siglo XIX. El rigor de la metodología científica unido al extraordinario progreso tecnológico hacen hoy posible entender nuestros sistemas vitales y sus procesos como nunca antes en la historia, para así descubrir la intrincada relación que mantenemos con la materia orgánica e inorgánica y con los demás seres vivos.

El ser humano, por lo tanto, ya no puede ignorar el hecho de que está plenamente insertado en el mundo animal ni que se debe a sus leyes y ritmos como cualquier otro ser vivo sobre el planeta Tierra, pasado, presente o futuro. Necesitamos transitar por el ciclo diario marcado por el día y la noche, que influye profundamente en nuestro desempeño y determina la liberación de complejas hormonas que, a su vez, condicionan nuestros estados de vigilia o de sueño. Estamos completamente sometidos a la fisiología animal, como lo están también los demás seres vivos: si elegimos quebrantar sus exigencias, alterando nuestro descanso diario, nuestra alimentación o nuestra respiración, ponemos en riesgo nuestra propia existencia.

La primera ilusión narcisista contemporánea, por otro lado, es llegar a pensar que podemos dominar nuestra naturaleza animal y someterla con el poder de nuestra mente humana. Nuestra extraordinaria capacidad cognitiva, que define a la raza humana, no significa, por más que lo intentemos, que podamos independizarnos de las leyes animales. La medicina actual, con sus a veces inverosímiles avances científicos, ha creado la falsa expectativa de que podemos aprender a alterar las leyes de la naturaleza sin fin mediante la manipulación genética, los trasplantes, las técnicas de reproducción asistida, los cateterismos o las prótesis articulares. No parece haber límites en el desarrollo médico, no solamente para imponerse frente a cualquier eventualidad que suceda en nuestro cuerpo a lo largo de la vida, sino incluso para mejorar nuestras funciones y llevarlas más allá de sus capacidades originales. Sin embargo, como señala con su habitual sagacidad Yuval Noah Harari en su libro *Homo Deus. Breve historia del mañana:* «La verdad es que la medicina moderna no ha prolongado la duración natural de nuestra vida en un solo año. Su gran logro ha sido salvarnos de la muerte prematura y permitirnos gozar de los años que nos corresponden».

Esta ruptura entre la realidad de nuestra naturaleza animal y la ilusión de poder superarla, que entendemos desde la psicología como una distorsión cognitiva, está ampliamente presente en la sociedad actual, generando no pocos trastornos de salud como, por ejemplo, el caso extremo de la anorexia nerviosa. Otros comportamientos similares incluyen la pasión por las dietas o la práctica del fisicoculturismo, y también, en menor medida, la gran variedad de productos disponibles comercialmente que prometen remediar el envejecimiento y el progresivo desgaste de nuestros órganos basados en teorías alejadas de cualquier rigor científico, pero que gozan de una creciente popularidad precisamente por contener la promesa de que es posible liberarnos de los condicionamientos de nuestra naturaleza, en especial, del deterioro al que se ven sometidos nuestros cuerpos con el paso del tiempo.

Biológicamente, como afirma la sabiduría popular, somos principalmente lo que comemos, y hoy sabemos bien el impacto que tiene la alimentación sobre nuestra salud. Sin embargo, y en franco desafío a este conocimiento, jamás la humanidad se había alimentado tan mal como lo hacemos hoy. La pandemia de la obesidad ya no conoce fronteras, y las bebidas endulzadas y los alimentos ultraprocesados han avanzado a edades cada vez más tempranas enfermedades como la diabetes tipo II, la hipertensión o el cáncer de colon, que normalmente no aparecían hasta la segunda mitad de la vida. Conocemos mejor que nunca el tipo de alimentación que nos conviene, y a su vez permitimos el desarrollo de una industria alimentaria que nos ofrece de forma imparable y tentadora todo cuanto deberíamos evitar consumir.

Esta primera ilusión narcisista consiste, por lo tanto, en que el ser humano desconoce hoy conscientemente el hecho de que estamos inmersos en la naturaleza y sometidos a sus leyes, haciendo oídos sordos ante la comunidad científica, pues alimenta la fantasía de creerse eterno e indestructible. Paradójicamente, ignoramos el amplio conocimiento al que tenemos acceso como en ningún otro momento anterior de la historia, situándonos por encima de nuestra naturaleza en un verdadero delirio de omnipotencia. Este es el primer elemento del nuevo narcisismo del siglo XXI: actuar como si yo pudiera someter mi propia naturaleza a mi arbitrio. Retomando a Alexander Lowen: «En el terreno científico ha surgido la idea de que se puede superar la muerte, esto es, que es posible transformar la naturaleza según la imagen que nos hagamos de ella» (*El Narcisismo. La enferme-dad de nuestro tiempo,* Paidós, Barcelona 2000, 26).

Una consecuencia directa de esta ruptura entre lo humano y su naturaleza es el fenómeno creciente del negacionismo de todo tipo de evidencias científicas, desde el calentamiento global como causa del cambio climático hasta la relación mencionada entre alimentos ultraprocesados y una gran variedad de enfermedades. Sea defendido por parte de líderes sociales con amplio impacto sobre las políticas públicas como por personas sencillas de cualquiera de nuestras sociedades, el negacionismo se ha convertido en una alternativa atractiva para calmar las conciencias y así evitar enfrentar la realidad urgente de que la especie humana está depredando la propia naturaleza en la que se sustenta. También nace del negacionismo científico la creciente popularidad de las teorías conspirativas acerca de gran variedad de temas, que generalmente buscan evadir la realidad objetiva y el compromiso con la misma, creando realidades paralelas que pretenden ignorar la naturaleza del mundo en el que estamos insertados y al que pertenecemos.

Este delirio narcisista del ser humano contemporáneo se refleja asimismo en eslóganes populares de marcas conocidas que invitan a pensar que nada es imposible para quien se lo propone. La realidad de la vida, su fragilidad y su dependencia de la naturaleza y de las personas que nos rodean no se mencionan en los discursos sociales imperantes, que alimentan los sueños de grandeza y de omnipotencia mencionados. En un mundo definido hoy por la sangrante desigualdad social, la sobreexplotación de los recursos naturales y la imparable contaminación medioambiental, las grandes fortunas derrochan sus capacidades en el lujo y en la desmesura, convirtiéndose a su vez en modelos a emular por parte de enormes fracciones de población que admiran su capacidad de vivir a espaldas o por encima de la realidad.

La ruptura entre nuestra frágil naturaleza animal y los sueños narcisistas del ser humano alcanza su absurdo con la inversión desmedida en proyectos de colonización del espacio y de otros planetas, empezando con Marte. Los humanos pertenecemos a un sistema ecológico precioso y asombroso anclado en el planeta Tierra, del cual no podemos separarnos como si fuéramos seres sobrenaturales. Ciertamente somos «polvo», como apuntaba la intuición milenaria del libro del Génesis, aunque hoy sabemos que «somos polvo de estrellas, reflexionando sobre las estrellas», como bellamente formuló Carl Sagan. Solamente reconociendo esta interdependencia con el medio natural en el que se desarrolla nuestra existencia podremos llegar a superar la dañina tentación narcisista que nos induce a querer vivir al margen de sus leyes y equilibrios.

2

La ruptura de género:
la ilusión del singular

«Por eso deja el hombre a su padre y a su madre
y se une a su mujer, y se hacen una sola carne»
(Génesis 2,24).

El ser humano es, a partir de su constitución biológica, como también mencionan variadas tradiciones religiosas, un ser mellado, o incompleto. Tanto si consideramos al varón como a la mujer, su ser sexuado lo limita a una de las dos posibles expresiones genéticas con las que puede llegar a manifestarse físicamente. Más allá de su rol de género, que puede desarrollarse de formas más amplias y complejas, como mamífero su cuerpo se define desde la etapa embrionaria hacia uno de los dos modelos genéticamente posibles: no existe en la naturaleza un tercer sexo o la neutralidad sexual, con la excepción de algunos estados intersexuales poco frecuentes causados por alteraciones cromosómicas.

Es interesante subrayar que la embriología demuestra con claridad que el sexo primario o por defecto, el que se expresa en primer lugar a las pocas semanas de la concepción, es el sexo femenino: todos los seres humanos –y todos los animales mamíferos– hemos sido, en primer lugar, mujer o hembra, de manera que el varón o macho no deja de ser una modificación posterior desencadenada por la producción de hormonas masculinas: si estas no interrumpen el proceso de desarrollo embrionario, el resultado será un individuo con características femeninas. Es por ello por lo que el humano varón lleva claramente marcadas en su cuerpo las señales de su etapa embrionaria femenina primitiva, desde las mamas atrofiadas que vieron frustrado su desarrollo hasta la cicatriz sobre el escroto que recuerda su anterior apertura vaginal.

La pretendida primacía masculina que transmiten la mayoría de las tradiciones míticas o religiosas, incluida la judeocristiana, es por lo tanto abiertamente refutada por los hallazgos de la ciencia que indican con claridad que la expresión femenina es el prototipo biológico del cual se deriva, de forma secundaria, su versión masculina. El conocido segundo relato de la creación del Génesis, según el cual la mujer fue creada después y como compañera para el varón, y que ha servido durante siglos como base para justificar el dominio de un sexo sobre el otro, como ha ocurrido con otros mitos creacionales en otras culturas, no deja de ser una ficción etiológica interesada creada por las sociedades patriarcales.

Otro mito semejante de la creación, totalmente ajeno a las tradiciones occidentales, podemos encontrarlo en el *Popol Vuh,* el relato del origen del mundo y del ser humano según los mayas de la actual Guatemala. Es llamativa su coincidencia con el Génesis, en cuanto que afirma que los primeros hombres que fueron creados «solo fueron hechos y formados, no tuvieron madre, no tuvieron padre. Solamente se les llamaba varones. [...] Entonces existieron también sus esposas y fueron hechas sus mujeres» (*Popol Vuh,* III, caps. 2 y 3). La dualidad de género y su complementariedad armónica, descritas en los inicios de la humanidad, en la mayoría de los casos, se vieron rápidamente truncadas por el dominio masculino sobre el género femenino en virtud de pretender haber sido el primero.

La fantasía narcisista de género, que constituye la segunda ilusión narcisista contemporánea, antiguamente más propia de los varones, pero hoy frecuentemente también compartida por mujeres, es llegar a pensar que un ser humano puede ser completo en sí mismo como ser individual en singular, en vez de reconocerse necesitado del otro, de aquel o aquella sin los cuales no puede alcanzar su plenitud. Por contra, nuestra naturaleza dual nos recuerda constantemente que, solos, somos seres estériles vagando en búsqueda de un ideal que, si creemos que está encarnado en nosotros mismos, jamás lograremos alcanzar. En el mito de Narciso, narrado por Ovidio, su soberbia lo condiciona a rechazar cualquier relación complementaria con otros seres, hasta que acaba exclamando, exasperado por el delirio de amor imposible con su propia imagen: «Ardo de amor por mí: las llamas promuevo y padezco».

Hoy en día, la ideología de género ha venido a agravar esta distorsión narcisista al afirmar que, en materia de género, el ser humano individual –y, por ende, independiente de todos los demás– puede ser lo que en libertad elija ser: mujer con cuerpo de varón o al revés, ambas cosas a la vez u otras combinaciones. Ignorando los amplios conocimientos de la psicología en cuanto a los procesos de aprendizaje y de desarrollo psicosexual de todo ser humano, que nos

ayudan a entender desde la ciencia la varia-
bilidad en materia de género que presenta
nuestra especie a diferencia de las demás
especies animales, incluyendo la homose-
xualidad y otras variantes de identidad de
género, la ideología de género se centra en
el individuo y en su pretensión de plenitud
con independencia de los demás, negando
su dimensión relacional, y, en una actualiza-
ción contemporánea del mito de Narciso, lo
invita a «arder de amor por sí mismo».

El amor humano es, en cambio, precisamente el reconocimiento de que solamente
en la vinculación con el otro, el diferente,
el que no soy yo mismo, se puede alcanzar
la madurez afectiva. Ello implica necesariamente renunciar a la soberbia narcisista y
ser capaces de gozarnos con el otro, pues,
como bien apunta el psicólogo Walter Riso,
«una definición de amor es: la alegría de
que el otro exista». Es necesaria esa mirada
hacia el prójimo, que se aleja de la contemplación de mí mismo, para descubrir en ella
o en él a la persona con quien poder com-

plementarme y fructificar en una dualidad humilde y consciente de la necesidad de sumar con otros para lograr una plenitud que es imposible alcanzar en singular, como un solo individuo.

El relato de la creación del Génesis describe bien este movimiento necesario hacia fuera de uno mismo que caracteriza las relaciones maduras entre géneros: «Por eso deja el hombre a su padre y a su madre y se une a su mujer, y se hacen una sola carne» (Génesis 2,24). La persona tiene que alejarse, en primer lugar, de la dupla en la que fue concebida, para, en segundo lugar, romper consigo misma al unirse con el otro y solo así descubrirse plena. En esta dinámica de una doble ruptura, que se asemeja a los procesos edípicos de maduración psicosexual descritos muchos siglos más tarde por el mismo Sigmund Freud, el ser humano asume su condición dual de origen y reconoce que, sin el otro, queda incompleto. En contraste con las ideologías de género preponderantes del momento actual, la sabiduría milenaria nos recuerda que no podemos alcanzar la plenitud personal si no logramos establecer vínculos maduros con el prójimo, con aquel o aquella que nos complementa.

Para los antiguos, la dualidad de género se explicaba de modos que hoy en día nos arrancan una sonrisa benévola, como cuando el galeno, filósofo y teólogo Maimónides, en el siglo XII, comentando los aforismos médicos de Hipócrates, proponía la siguiente hipótesis: en la matriz femenina, el feto masculino se aloja del lado derecho y el femenino del izquierdo, pues «en la semilla que viene de la mujer del lado derecho de uno de los ovarios hay grosura y calor; la que viene del lado izquierdo es fría y acuosa, y más fría que la otra» (MAIMÓNIDES, *El comentario a los aforismos de Hipócrates* V, 48). Lo asombroso de su observación radica en el hecho de que le otorgaba al ovario femenino el potencial de aportar una semilla al futuro ser humano en gestación, alejándose de las creencias de la época que le reconocían esa capacidad solamente al semen masculino.

La distorsión narcisista acerca de la plenitud del ser individual ignorando su ser dual roza lo grotesco cuando se pretende apelar al derecho sobre el propio cuerpo en referencia al feto que se está desarrollando en la matriz de una mujer. Mas allá de las consideraciones éticas alrededor del aborto, no se puede afirmar desde la evidencia científica que un ser humano en su etapa intrauterina sea simplemente un elemento más del cuerpo de una mujer, como lo es un riñón, que podría ser donado para un trasplante, pues su genética es indiscutiblemente única y distinta a la de la mujer que lo alberga. Vemos nuevamente cómo la ideología de género usurpa el conocimiento científico para defender presuntos derechos individuales narcisistas sin consideración ni empatía con el otro.

Nuestro cuerpo humano expresa, desde su sexualidad, su maravillosa apertura hacia los demás, y también hacia la vida nueva que pueda emanar desde el encuentro con el otro. Pero no se pertenece a sí mismo, pues está hecho y creado para la donación fecunda al sumarse con aquellos sin los cuales, en singular, no puede alcanzar su plenitud.

3

La ruptura con el tiempo: la ilusión del instante

«El número de los días del hombre mucho
será si llega a los cien años. Como gota de
agua del mar, como grano de arena,
tan pocos son sus años frente a la eternidad»
(Sirácida 8,9-10).

Una tercera dimensión definitoria del ser humano, junto a su naturaleza animal y su identidad de género, y a diferencia de los demás seres vivos, es el hecho de que se trata de un ser que se vive, se piensa y se conduce insertado en una línea de tiempo, tanto personal como histórica, que lo condiciona y lo modula sobremanera. Nuestra vida es una narrativa en constante desarrollo, como lo es también la vida de las sociedades a las que pertenecemos. Solamente adquiriendo una mirada consciente acerca de esta realidad temporal y circunstancial a la que estamos incorporados desde nuestro nacimiento podemos liberarnos de la soberbia propia del narcisismo, de quienes se creen situados en el centro de la historia, propia y ajena.

En la era digital de hoy vivimos abocados como nunca en el frenesí y en la ansiedad por saborear lo inmediato, por vivir el instante presente, con la consiguiente pérdida del sentido de la historia que es propia del ser humano. A partir de la universalización de las tecnologías de comunicación digital en los albores del siglo XXI, las nuevas generaciones de nativos digitales, los *millennials* y la generación Z, han crecido en un mundo en el que se ha ido diluyendo el sentido de la espera y de la paciencia que requieren los procesos vitales, en especial las relaciones humanas. Sin embargo, como señala acertadamente el filósofo contemporáneo

Byung-Chul Han, «todo lo que estabiliza la vida humana requiere tiempo. La fidelidad, el compromiso y las obligaciones son prácticas asimismo que requieren mucho tiempo» (BYUNG-CHUL HAN, *No-cosas. Quiebras del mundo de hoy,* Taurus, Madrid 2021, 12).

Los pedagogos y los docentes de hoy tienen que enfrentarse a diario a la pérdida de la tolerancia a la frustración de sus alumnos que, desde las primeras etapas de su infancia, han sido educados en la satisfacción inmediata de sus deseos. El desarrollo tecnológico ha logrado acelerar y acortar en lo posible todo aquello que hacemos en la vida diaria: empezamos hace algunas décadas con los hornos microondas que preparan el alimento de forma casi instantánea, hasta que hoy hemos puesto al alcance de la mano de cualquier ciudadano el prodigio del *smartphone* con el que tenemos acceso inmediato a un universo de conocimientos inabarcable por la mente humana, así como de ocio y de entretenimiento, y podemos comprar cualquier cosa y lograr que nos sea entregada en espacios cada vez más breves de tiempo. La consigna es clara: cuanto más rápido, mejor, y si es al instante, será perfecto. Disponemos de comida instantánea, de comunicación instantánea y de información instantánea. Además, seguimos avanzando para que el transporte sea cada vez más veloz.

Tener que esperar se ha convertido en una amenaza, en un enemigo a vencer. Como decía el estribillo de una conocida canción del grupo Queen, ya en el año 1989, la juventud de hoy grita: «*I want it all, and I want it now*» (lo quiero todo, y lo quiero ahora). Este afán por la satisfacción inmediata, lo sabemos bien, está en el origen de muchos trastornos de la personalidad, incluyendo el narcisismo. Porque es en la espera, en el tiempo, donde la vida adquiere un sentido y donde nos situamos dentro de un proceso, que parte de un origen y se encamina hacia un objetivo. Para evitar embriagarme o hastiarme con el presente necesito precisamente formar parte de un camino, personal y social, que me otorgue la perspectiva de saber quién soy, de dónde vengo, dónde estoy y hacia dónde voy. El instante, el momento presente, es fugaz, y desconoce con facilidad el itinerario al que pertenecemos, como individuos y como sociedad.

Como seres históricos, insertados en nuestra propia narrativa, solamente podemos adquirir un sentido de vida asumiendo nuestro relato individual y al sabernos en constante desarrollo y evolución. Para ello es indispensable aprender a tolerar el paso del tiempo en los procesos de la vida. Retomando a Han, es preciso recordar que «los largos espacios de tiempo que ocupa la continuidad narrativa distinguen a la historia y la memoria. Solo las narraciones crean significado y contexto» *(ib,* 10). Este relato personal es necesariamente contextual, pues pertenecemos a un tiempo, a una época y a una familia singulares, que nos configuran de forma irrevocable. Solamente quien es consciente de su contexto, tanto del momento histórico del que participa, de «los gozos y las esperanzas, las tristezas y las angustias de los hombres de nuestro tiempo» (cf *Gaudium et spes* 1), como formuló el concilio Vaticano II, así como del momento personal de su propia vida, sabrá encontrar el sentido de estar fuera de sí mismo y en relación con los demás.

La tercera ilusión narcisista es precisamente llegar a creer que, en el tiempo presente, puedo ser amo y dueño de mí mismo y escribir mi propia historia con total independencia de los demás, sin reconocer que somos hijos de nuestra época y de nuestra edad. Pensamos y actuamos de forma diferente en nuestra juventud que en etapas más maduras en las que hemos acumulado un sinfín de experiencias que nos han ido configurando. De igual modo, hoy tenemos una visión de la vida y del mundo radicalmente distinta de la que tuvieron nuestros abuelos hace apenas dos generaciones. Sin embargo, en nuestra época, que se caracteriza por el afán de la satisfacción instantánea, se tiende a ignorar el contexto al que pertenecemos y se crea la fantasía de que, hoy, todo es posible, olvidando el hecho de que los jóvenes de hoy serán los mayores del mañana y de que, frente a la eternidad, nuestras vidas son «como gota de agua del mar, como grano de arena».

Quienes pretenden vivir tan solo el presente, tan saturado de ofertas, a su vez se van encerrando en un bucle de soledad narcisista que no logra satisfacer los anhelos de pertenencia propios de todo ser humano. Paradójicamente, huyen de la soledad, del silencio o de la contemplación en una compulsión cada vez mayor por llenar cada momento de sus días de imágenes, experiencias, sabores y ruido, hasta caer en la saturación de sí mismos. No es de extrañar la enorme demanda actual de acompañamiento psicológico para personas relativamente jóvenes o la práctica creciente de nuevas formas de espiritualidad, como el *mindfulness,* que busca insertar a la persona en su línea de tiempo y su historia, precisamente generando espacios de silencio en su vida diaria. Estudios recientes señalan que hasta un 50 % de los jóvenes que han crecido en el siglo XXI reciben ayuda para enfrentar problemas de salud mental tales como ansiedad, depresión, trastorno de estrés postraumático, trastorno obsesivo-compulsivo u otros.

El placer de la experiencia instantánea es efímero y no logra otorgar un significado a quienes lo experimentan. Solamente quien construye pausadamente, día a día, su propia narrativa va saboreando la historia de la que es heredero, a la que pertenece y a la cual se puede sumar y aportar desde sus capacidades, únicas e irrepetibles. Como nos recuerda una vez más la milenaria sabiduría bíblica: «Más vale el hombre paciente que el héroe, el dueño de sí que el conquistador de ciudades» (Proverbios 16,32).

4
La ruptura con el espíritu: la ilusión materialista

«Crea en mí, oh Dios, un puro corazón, un espíritu firme dentro de mí renueva» (Salmo 51,12).

No es fácil definir el espíritu o la dimensión espiritual de un ser humano. El pensamiento occidental ha estado fuertemente marcado durante siglos por el dualismo griego, que dividía a la persona en cuerpo y alma, el primero de ellos material y caduco y el segundo inmaterial y eterno. La defensa de la supremacía del alma respecto al cuerpo conllevó de muchas maneras una visión de sospecha frente a todo lo relacionado con la materia corporal y sus sentidos. Sin embargo, la antropología cristiana, partiendo de la visión judía, de influencias más orientales, ha defendido desde antiguo la unidad de la persona, en la cual podemos llegar a distinguir tres dimensiones inseparables entre sí, pero que juntas configuran al ser humano: cuerpo, alma y espíritu, o en un lenguaje más actual, una unidad bio-psico-espiritual. Ya hemos hablado con detalle del cuerpo humano, de su naturaleza biológica y de su dualidad sexual en los capítulos anteriores.

El alma (o *psyché,* en griego), en términos modernos, corresponde a la dimensión psico-afectiva del ser humano, la parte con la que percibimos las emociones, razonamos, recordamos y actuamos: es el equivalente a lo que hemos venido a denominar *nuestra personalidad.* Hoy sabemos mejor que nunca que esta está unida intrínsecamente a nuestra mente y obedece a un engranaje bioquímico y neuronal altamente complejo. Los constantes avances en la comprensión del funcionamiento del sistema límbico de nuestro cerebro son asombrosos, y en la actualidad incluso nos permiten intervenir sobre él para corregir algunos estados disfuncionales manipulando los equilibrios entre la serotonina, la dopamina u otros neurotransmisores, logrando estabilizar el ánimo de un enfermo depresivo o mejorar el aprendizaje y la memoria de una persona aquejada de demencia.

El espíritu (o *pneûma,* en griego), en cambio, se refiere a la dimensión trascendente de la persona, a su conciencia, su moral y el sentido de su existencia. El positivismo que caracteriza el pensamiento racional occidental, enamorado de su metodología científica, ha querido ignorar esta tercera dimensión del ser humano, proclamando triunfalmente haber descubierto que en nosotros todo es física y química, es decir, que se puede llegar a comprender enteramente a la persona, su ser, su vivir y su sentir, a partir de su fisiología bioquímica, como defiende, por ejemplo, Harari con su mordaz materialismo ateo. De esta forma, el pensamiento positivista, con su aversión característica al pensamiento trascendente o metafísico de cualquier tradición o escuela, ha contribuido en gran medida a crear una cuarta ilusión narcisista de hoy, la del materialismo, pretendiendo que el ser humano puede prescindir en su proyecto de vida precisamente de su dimensión espiritual.

Una persona desprovista de sentido, como ya advirtió Viktor Frankl hace casi un siglo, es un ser humano condenado al fracaso. No es suficiente atender las necesidades físicas o psicológicas de la persona para lograr su bienestar, pues desarrollar y afianzar su vida espiritual es una tarea igualmente necesaria. Ello no significa establecer un equivalente automático entre espiritualidad y religión: en muchos casos, un credo religioso acompaña y promueve el significado espiritual de una vida; en muchos otros casos, la espiritualidad se nutre de otras fuentes que no están vinculadas a una fe específica, como puede ser la propia contemplación de la naturaleza. Pero es la atención a esta dimensión sobrenatural, que vincula al ser humano con aquello que lo supera, con lo que no alcanza a comprender y con lo que está más allá de sí mismo, la que logra convertir su asombro en confianza y en serenidad.

Pretender reducir al ser humano a un binomio de cuerpo y alma, es decir, a un ser biológico con necesidades materiales y afectivas o emocionales sin más, es ignorar su realidad. Incluso desde la psicología secular se entiende que el ser humano necesita atender sus necesidades a partir de una jerarquía de valores, en la que preceden las necesidades fisiológicas, seguidas de las necesidades de seguridad, de pertenencia social y de reconocimiento, hasta alcanzar las más elaboradas de autorrealización que son, precisamente, la moral, la espiritualidad y el sentido de la vida, como describió con claridad Abraham Maslow (cf *A theory of human motivation*, 1943).

La cuarta ilusión narcisista, alentada por el pensamiento materialista, parte pues de la negación de esta necesidad de adquirir un sentido trascendente de la vida que es propia de todo ser humano, en cualquier cultura o tradición. Para ello es indispensable una formación en el espíritu que no se puede lograr sin la aportación de algún guía o maestro y de las enseñanzas que nos transmite la sabiduría acumulada por generaciones anteriores a la nuestra. Desde la antigüedad se apreciaba y valoraba la figura de los maestros, no solamente en las escuelas de pensamiento, sino también en el entorno social, representados por los ancianos o, en muchos casos, por los propios padres y madres de familia. En la introducción a los libros de la Sabiduría del Antiguo Testamento, atribuidos a Salomón, se afirma que estos están escritos «para aprender sabiduría e instrucción, para entender los discursos profundos, para alcanzar instrucción y perspicacia –justicia, equidad y rectitud–, para enseñar a los simples la prudencia, a los jóvenes ciencia y reflexión». Para lograr este propósito se ofrece el siguiente consejo: «Escucha, hijo mío, la instrucción de tu padre y no desprecies la lección de tu madre: corona graciosa son para tu cabeza y un collar para tu cuello» (Proverbios 1,2-4.8-9).

En el mundo contemporáneo se ha roto, en gran medida, esta cadena que transmite el sentido espiritual de la existencia humana. La formación en el espíritu que ofrecen los mayores, maestros o guías, es reemplazada ampliamente por las experiencias e información inmediatas que brindan las redes sociales y sus inevitables *influencers,* que no invitan al pensamiento ni a la reflexión, sino únicamente a la imitación. La felicidad que propugnan es la de las vivencias y de la constante excitación sensorial, no la de la transmisión de valores y virtudes que construyan un sentido de la vida. Sin embargo, es necesario nutrir el espíritu de forma análoga a como lo hacemos con nuestro cuerpo, con mensajes, enseñanzas o testimonios, sea a través de la comunicación personal que brindan los maestros o a través de lecturas y experiencias significativas, pues un espíritu que no se alimenta adecuadamente desemboca, antes o después, en un estado de desnutrición espiritual. Somos capaces de otorgarle un cuidado exquisito a la salud de nuestro cuerpo, como indica la proliferación de gimnasios y nutriólogos en nuestras urbes; hemos aprendido a atender nuestras necesidades psicoafectivas con terapeutas o *coaches* de diversos enfoques; procurar una sana espiritualidad, sin embargo, hoy no obtiene la consideración que merece.

La ilusión materialista acerca de la naturaleza del ser humano conlleva una fractura entre las dimensiones sensoriales, racionales y espirituales que configuran nuestro ser. Al pretender vivir atendiendo únicamente nuestras necesidades fisiológicas y emocionales, prescindiendo con arrogancia narcisista de la espiritualidad, no podemos alcanzar un sentido pleno de la existencia, pues vivimos en una dependencia constante de los estímulos, las vivencias y la retroalimentación que logremos cosechar sobre nuestras personas. Como le ocurrió a Narciso, también para nosotros toda satisfacción tendrá, tarde o temprano, un sabor insuficiente, pues nadie es capaz de otorgarse un sentido de vida a sí mismo. Cualquier tradición espiritual afirmará, de un modo u otro, que la espiritualidad es un camino en el que hay que lograr tomar distancia del Yo, sea en el desapego oriental de uno mismo, o bien en la proyección hacia el prójimo más propia del legado judeocristiano.

Hastiadas y desnutridas, muchas personas buscan hoy por propia iniciativa las fuentes de la sabiduría en las cuáles poder saciar su espíritu, quizás sin saberlo, acudiendo a escuelas de meditación orientales o al ya mencionado *mindfulness,* y también a centros religiosos. Suenan hoy con fuerza las palabras antiguas del salmista al describir ese anhelo propio de todo ser humano: «Tiene mi alma sed de Dios, del Dios vivo: ¿cuándo podré ir a ver la faz de Dios?» (Salmo 42,3). Sin embargo, la formación espiritual requiere, como todas las habilidades humanas, de tiempo, dedicación, orientación y disciplina, pues la vida espiritual, como toda vida, se construye a través de procesos, lentos y silenciosos. Quien se aventura en un camino de crecimiento espiritual necesita encontrar acompañantes adecuados que sepan guiar, sobre todo en las primeras etapas, esta búsqueda, para abrirse a esa dimensión que otorgue sentido a su ser material y descubrirse habitado por un soplo de vida sobrenatural, pues «el mundo no es solo materia, es también espíritu en movimiento» (Pierre Teilhard de Chardin).

5

La ruptura con la comunidad: la ilusión individualista

> *«¡Oh, qué bueno, qué dulce habitar*
> *los hermanos todos juntos!»*
> (Salmo 133,1).

Desde tiempos prehistóricos el ser humano ha sido un ser gregario, estableciendo diversas formas de vida social organizadas en torno a grupos familiares extensos, aldeas o tribus. Las sociedades modernas y las grandes urbes siguen siendo espacios de convivencia y de integración en los que las personas se ubican dentro de una cultura y de una comunidad cuya pertenencia las configura en gran medida. No hay duda de que el ser humano es un ser social, y los pocos ejemplos que conocemos de individuos que han llegado a vivir completamente aislados de la sociedad nos recuerdan las carencias y trastornos que puede llegar a causar la falta prolongada de contacto con otras personas. Incluso en la vida monástica no se le permite a un monje llevar una vida de ermitaño hasta que no haya demostrado durante muchos años una gran madurez humana y espiritual.

Diferentes teorías del desarrollo psicosocial describen muy bien las distintas etapas por las que transita la persona desde su nacimiento hasta el final de su vida, como las propuestas por autores ya clásicos como Jean Piaget, o especialmente Erik Erikson. Sus aportaciones a la psicología del desarrollo han ayudado a entender cómo la sociedad y la cultura en las que están insertadas las personas influyen directamente en su crecimiento a lo largo de toda su vida y pueden determinar que o bien alcancen su plena integración, o bien se estanquen y deterioren. Solamente con la interacción constante con otros seres humanos, en la gestión de conflictos y de amistades, del trabajo en equipo y de la comunicación y convivencia con los demás vamos adquiriendo las habilidades necesarias para vivir una vida plena y significativa.

El mundo contemporáneo, que ha alcanzado el hito extraordinario de la comunicación universal, inmediata y prácticamente gratuita, no ha logrado, por otro lado, construir la soñada aldea global en la que la desaparición de las fronteras que significaban la distancia física entre todos los grupos humanos del planeta iba a convertirse en un factor de aglutinación y de unidad. La globalización que hoy define en todos los ámbitos a nuestro mundo en muchos casos no ha sido capaz de engendrar una mayor cohesión social entre los pueblos, sino que de forma creciente está contribuyendo precisamente a su fragmentación. El hecho de que todos hablemos un mismo idioma –internet– no se traduce en un mismo mensaje: a diferencia de lo que ocurrió en el relato bíblico de Babel, en esta ocasión la confusión no la ha causado el creador, sino los humanos, al utilizar este extraordinario instrumento para dividirse y enfrentarse unos con otros. Más de la mitad de la población mundial –en algunos países, más del 80 %– consume habitualmente información falsa en internet, reduciendo lo que algunos humanistas entusiastas anticiparon que iba a ser una armoniosa sinfonía universal de comunicación global a una estridente cacofonía plagada de mentiras.

En este contexto es también llamativo el hecho de que en el mundo globalizado, de forma creciente, sean los propios individuos los que se van distanciando de sus congéneres al perder la capacidad de relacionarse con ellos. En la era de la interconectividad sin límites, según varios estudios recientes, el 70 % de los jóvenes encuestados afirman sentirse o haberse sentido solos. La reciente pandemia de COVID-19 solamente vino a agravar todavía más esta crisis de relaciones sociales, en la que las personas ya no desean buscar el contacto directo con el prójimo ni abandonar la presunta seguridad de su soledad, pertrechados en las redes sociales y en el mundo virtual caracterizado por las relaciones líquidas, como las denominó el sociólogo Zygmunt Bauman.

La quinta ilusión narcisista contemporánea que observamos es, precisamente, creer que puedo prescindir de los demás y ser feliz en solitario. Los medios digitales han potenciado en gran medida esta percepción errónea de que, navegando en redes sociales o consumiendo juegos en internet, el ser individual alcanza su plena libertad y, por ende, su felicidad. La realidad, empero, es muy distinta, y queda nítidamente retratada por el filósofo Byung-Chul Han antes citado: «El *smartphone* [...] es un objeto narcisista y autista en el que uno no siente a otro, sino ante todo a sí mismo. Como resultado, también destruye la empatía. Con el *smartphone* nos retiramos a una esfera narcisista protegida de los imponderables del otro. Hace que la otra persona esté disponible al transformarla en objeto. Convierte el tú en un ello. La desaparición del otro es precisamente la razón ontológica por la que el *smartphone* hace que nos sintamos solos» (*No-cosas. Quiebras del mundo de hoy,* Taurus, Madrid 2021, 29).

El individualismo narcisista digital destruye al ser comunitario, creando la ficción de que el ciberespacio es el nuevo espacio social en el que poder relacionarnos y establecer vínculos entre personas. Los amigos y seguidores en internet se agregan y se eliminan con el toque sutil de la yema de un dedo sobre la pantalla táctil, pero con ellos difícilmente seremos capaces de desarrollar relaciones significativas que nos vayan configurando como seres gregarios. En internet no hay aldeas, ni tribus, ni comunidades, sino sobre todo personas que se vinculan o se desconocen sin una convivencia real entre ellas. Vivimos en la paradoja de que la comunicación universal ha propiciado un aislamiento entre individuos nunca antes visto, ni siquiera en la edad de piedra, en la que las relaciones entre los humanos que se refugiaban en la misma caverna y cazaban juntos perduraban toda la vida. En cambio, la aldea global no genera amistades ni convivencia, por lo que en ella abundan las personas solas que, sin embargo, cuentan a sus amigos virtuales por miles.

La descomposición social contemporánea se refleja en el número creciente de hogares unipersonales, que, a pesar de las importantes diferencias regionales, en algunas sociedades escandinavas ya alcanza a un alarmante 40 % de la población. En el paradigma contemporáneo de la nueva Babel, los seres humanos se han vuelto a desperdigar «por toda la faz de la tierra» (Génesis 11,8), distanciándose unos de otros y alejándose peligrosamente de la tarea imperiosa de construir una sociedad global en la que se atiendan las necesidades comunes urgentes del momento. Para muchos analistas contemporáneos, el siglo XXI verá nacer y desarrollarse cada vez más a líderes y sociedades autoritarios, preocupados únicamente por su propio bienestar y alejados de las causas comunes, pues una de las características que mejor define al narcisismo es su total ausencia de empatía.

La fantasía narcisista de la felicidad individual, disimulada en la ficción de las comunidades digitales, está fragmentando y distanciando progresivamente a las sociedades y a las personas entre sí. Posiblemente, el sueño del salmista que canta «qué bueno, qué dulce habitar los hermanos todos juntos» es, hasta cierto punto, un ideal inalcanzable, pues la convivencia humana nunca ha estado exenta de tensiones y de dificultades. Renunciar a la vida en común, sin embargo, entraña un riesgo aún mayor que atrevernos a enfrentar los retos que implica dicha convivencia humana. Hoy pretendemos reemplazar la vida en sociedad con el simple hecho de estar conectados, pero nos exponemos a perder un elemento esencial de nuestra humanidad: la capacidad de integrarnos en una comunidad de vida real.

Como individuos, somos seres incompletos, aunque vivamos en la fantasía de la individualidad. Como hemos visto en las páginas anteriores, solamente podemos ser con otros, aquellos con los que nos complementamos, nos integramos y llegamos a configurar un proyecto de vida en común. No en vano nos lo recuerda de nuevo la sabiduría bíblica: «Más valen dos que uno solo, pues obtienen mayor ganancia de su esfuerzo. Pues si cayeren, el uno levantará a su compañero; pero ¡ay del solo que cae!, que no tiene quien lo levante. [...] Si atacan a uno, los dos harán frente. La cuerda de tres hilos no es fácil de romper» (Qohélet 4,9-12).

6

El narcisismo cultural, pandemia del presente

El ser humano y su condición no son nuevos, por mucho que la idea de que estemos viviendo tiempos novedosos sea tentadora. Sin embargo, los antiguos nos recuerdan, con finura, que «nada nuevo hay bajo el sol. Si algo hay que se diga: "Mira, eso sí que es nuevo", aun eso ya sucedía en los siglos que nos precedieron» (Qohélet 1,9-10).

Han cambiado, y mucho, el contexto y los medios; el pensamiento y el comportamiento de los humanos, en cambio, sigue siendo el mismo desde hace decenas de miles de años.

La novedad, como hemos analizado, se refiere en todo caso a los conocimientos científicos a los que se enfrenta el ser humano contemporáneo, y que suponen unos retos inéditos al poner a su alcance un mundo de posibilidades que en muchos casos superan sus capacidades de gestión responsable. Así como a un niño no se le pueden confiar instrumentos con los que potencialmente se pueda hacer daño, la humanidad dispone hoy de un sinfín de medios y de tecnologías sin una clara capacitación para utilizarlas de un modo ético y responsable, pues el único requisito para acceder a ellas es el dinero y el poder, sin que exista una autoridad mundial capaz de limitar su uso. Un empresario exitoso puede desarrollar una nave supersónica para darse el gusto de viajar al espacio exterior y promover el turismo espacial, que no sirve para nada más que para engrandecer el ego de sus viajeros sin ninguna consideración al daño medioambiental que conlleva, sin mencionar el despilfarro de recursos que se podrían haber empleado en proyectos de interés común para la humanidad.

Que hoy en día algo se pueda realizar no significa automáticamente que sea adecuado: la cirugía plástica, por ejemplo, desarrollada para la reconstrucción de tejidos en personas mutiladas, ha terminado generando un mercado multimillonario global movido únicamente por la vanidad de los narcisos modernos, preocupados por la autoimagen que contemplan reflejada no ya en el agua de una fuente, sino en sus publicaciones en redes sociales. Al respecto ya señalaba Erich Fromm, en pleno siglo XX: «Algo debe hacerse porque es necesario para el hombre, para su crecimiento, su alegría y su razón, o porque es bello, bueno o verdadero –no porque sea posible *técnicamente* hacerlo» (*La revolución de la esperanza. Hacia una tecnología humanizada,* Fondo de Cultura Económica, México 1970, 41).

La misma ley de la oferta y la demanda hace hoy imparable el comercio globalizado de productos completamente innecesarios generados por una industria altamente contaminante y promovida por un verdadero narcisismo colectivo o *cultural,* en palabras de Alexander Lowen, como lo son la industria del entretenimiento, del turismo, y especialmente la industria de la moda, que según indica la ONU es la segunda industria más contaminante del mundo. Los roperos de los consumidores mundiales están inundados de prendas y complementos desechables que son constantemente reemplazados por los de la siguiente tendencia, y las temporadas de ofertas dan acceso a este consumo irracional a enormes porcentajes de la población global. También la contaminación de los plásticos está directamente relacionada con la búsqueda del placer inmediato que ofrecen las bebidas y productos alimentarios que prometen precisamente el disfrute del instante con total indiferencia hacia el futuro, incluido el de la propia salud.

Los consumidores de hoy han crecido y han sido educados en este narcisismo cultural que caracteriza el siglo XXI. Desde el niño que al salir de la escuela exige a sus padres que le compren un refresco y unos *chips* en envases desechables hasta ellos mismos que no dudan en darse el gusto de adquirir por internet una nueva pantalla más grande para ver la televisión o un nuevo modelo de auriculares, todos participan de forma inconsciente de un delirio de omnipotencia que está ignorando la crisis de sostenibilidad mundial que ha ocasionado. Las campañas, tímidas y tardías, que intentan cambiar esta tendencia quieren trasladar la responsabilidad de frenar el consumo desmedido precisamente a los propios consumidores, lo que es tan ineficaz e inverosímil como esperar que las grandes fortunas del mundo inviertan de forma espontánea su capital en obras de filantropía.

Los elementos comunes que subyacen al narcisismo cultural del siglo XXI, y que hemos identificado en las páginas anteriores, son el desdén a la ciencia y a los conocimientos objetivos, la falta de empatía y los delirios o ilusiones narcisistas ya descritos que sitúan la satisfacción individual en el centro de la toma de decisiones éticas. Podemos afirmar que esta falta de consideración ética hacia el prójimo y hacia el resto de la creación es, posiblemente, la consecuencia más dañina del narcisismo cultural. Regresando a Fromm, «es narcisista aquel para quien solo es realidad lo que ocurre en lo subjetivo» (*El arte de escuchar,* Paidós, México 2018, 188). Un mundo dominado por los dictados de narcisistas culturales y sus postulados subjetivos deviene en un mundo sin ética y sin objetividad, de permanente autorreferencia individual o de colectivos encerrados en sí mismos, incapaces de construir una fraternidad real abierta a los demás, al prójimo.

El siglo XXI se está manifestando cada vez más como una etapa de la historia de la humanidad caracterizada por la pugna entre modelos sociales personalistas y/o nacionalistas en constante conflicto entre sí en defensa de sus aspiraciones subjetivas, y que se están alejando progresivamente del proyecto de integración mundial de las Naciones Unidas, que nació fruto de las grandes crisis del siglo XX. La clamorosa falta de empatía entre los distintos grupos humanos en nuestras sociedades contemporáneas –sea entre pobladores originarios y migrantes, entre grupos económicamente favorecidos y los más vulnerables, entre seguidores de una religión dominante y los de otras creencias minoritarias, o los de una ideología política en el poder frente a sus opositores– refleja el encierro narcisista de quienes solamente tienen ojos y oídos para sí mismos, y no pueden otorgarle una misma oportunidad o valor a quienes consideran diferentes y, por ende, inadecuados.

Junto a esta ausencia de una ética humanista global no podemos dejar de mencionar, finalmente, el otro gran paradigma que nace del narcisismo cultural moderno: la ideología del crecimiento y desarrollo que nadie se atreve a cuestionar. También aquí indicaba con precisión nuestro autor antes citado: «La nueva norma ética es el "progreso", entendiendo por él básicamente el progreso *económico,* el aumento de la producción y la creación de un sistema de producción cada vez más eficiente [...]. La busca del progreso como una norma ética central permite a los individuos obrar sin remordimientos cuando se conducen de una manera inhumana y falta de compasión» (Erich Fromm, *La revolución de la esperanza... o.c.,* 85-86). La combinación de estos tres factores –la pérdida de un sentido de ética mundial, la falta de empatía humanista y la apuesta por una ética del «progreso»– da lugar a esta creciente deshumanización que se esconde bajo la apariencia del bienestar y de la felicidad subjetiva de las personas y de los grupos sociales que confieren una identidad a sus miembros sustentada antes en las diferencias con los demás que en la humanidad común.

7

¿Eco o Logos?
La respuesta cristiana

Regresando al antiguo mito griego, vale la pena preguntarnos hoy: ¿cómo habría evitado Narciso su trágico desenlace? En la respuesta también estará, posiblemente, la esperanza para nuestro tiempo. Las tragedias griegas apuntan a la naturaleza humana, mas no deben de entenderse necesariamente como una condena sin remedio de esta: también contienen propuestas y posibles soluciones. Si leemos de nuevo el relato de Ovidio con detalle, observaremos que incluye a un segundo personaje relevante, a la ninfa Eco, que le devuelve a su enamorado el final de sus palabras cada vez que él se dirige a ella, truncando la posibilidad de un diálogo, pues Narciso acaba escuchándose únicamente a sí mismo. Eco desea vincularse con Narciso, pero no lo logra, porque solamente es capaz de corresponderle con lo que él mismo le da, de lo que resulta un monólogo desprovisto de sentido.

Como ya hemos visto a lo largo de esta reflexión, los seres humanos somos por naturaleza seres incompletos, necesitados del otro, no de un espejo que nos refleje simplemente a nosotros mismos. La tragedia de Narciso se desarrolla precisamente alrededor de un doble espejo: el agua de la fuente, que le devuelve su imagen, y el de Eco, que le devuelve su voz. «¡Cuántas veces dio besos en vano a la fuente engañosa, cuántas los brazos hundió, para el cuello alcanzar que veía, en medio del agua y no pudo quedar preso en ellos!», exclama Ovidio, describiendo la pasión estéril que suscita la contemplación de uno mismo. Hoy, el espejo de la fuente ha asumido la nueva forma del *smartphone,* y Eco se hace de nuevo presente en los auriculares que encierran a las personas en su ensimismamiento, escuchando tan solo su propia voz, así como las conversaciones y circuitos de información excluyentes y temerosos de cualquier opinión discrepante con la ideología dominante de un determinado colectivo social.

Es necesario que estos espejos se rompan para descubrir al otro, al que no es como yo ni habla con mi voz, pues solamente en el encuentro dia-logado con el otro, con los demás, se puede llegar a vencer la dinámica narcisista que aísla a los individuos entre sí. ¡Qué distinta hubiera discurrido su historia si Narciso hubiera escuchado otra voz que la propia, si su enamorada hubiera sido Logos en vez de Eco, la Palabra que propone y señala lo que yo mismo no puedo ver, y que me descubre amable, es decir, capaz de amar y digno de ser amado! Logos, la palabra que nos habla a través de los demás, nos muestra la realidad compleja que somos nosotros mismos, siempre necesitados del otro para alcanzar nuestra plenitud, y también nos recuerda nuestra fragilidad, el hecho de que, como dice san Pablo, somos vasijas de barro, pero a la vez portadores de un tesoro (cf 2 Corintios 4,7). El espejo del otro, del Logos, nos muestra nuestra verdad y nos sana, mientras que el espejo de Narciso nos hechiza con la mentira de la propia imagen, del Eco estéril del Yo.

Esta comunicación recíproca con otras personas que nos ayuden a reconocer nuestra verdad es irremplazable, pues «todo individuo que realmente quiera desarrollarse y progresar debe tomar como una de sus principales atenciones el reconocer su narcisismo [...]. Pero es un reconocimiento dificilísimo, porque uno es su propio juez, es decir, uno cree en lo que piensa y, ¿quién nos va a corregir?, ¿quién nos va a mostrar que estamos equivocados?» (*El arte de escuchar,* Paidós, México 2018, 195), se preguntaba el mismo Fromm al final de esta extraordinaria obra. La respuesta implícita a la pregunta es, sin duda, *el Otro,* especialmente aquel otro que, desde su diferencia conmigo, es capaz de dia-logar conmigo y permitir que la palabra fluya entre nosotros. Es únicamente en el encuentro vital con los demás donde las personas logramos salir de nosotros mismos y alcanzar un autoconocimiento verdadero, libre del autoengaño narcisista al que tendemos todos.

Logos, la palabra, son el amigo y la amiga sinceros, aquellos que se suman al camino de mi vida y que, muchas veces sin saberlo, me permiten conocer mi verdad. La amistad no puede ser subestimada, y es esencial para un sano desarrollo humano y espiritual, como nos recuerdan, una vez más, los antiguos: «El amigo fiel es seguro refugio, el que lo encuentra, ha encontrado un tesoro. El amigo fiel no tiene precio, no hay peso que mida su valor. *El amigo fiel es remedio de vida,* los que temen al Señor lo encontrarán» (Sirácida 6,14-16). Es precisamente en el entorno amistoso y fraterno donde se configura la persona en una constante interacción con el prójimo, con el otro, y se descubre a sí misma portadora de tesoros que solamente adquieren sentido cuando se intercambian con los demás.

Frente a la amenaza permanente de la ceguera narcisista emerge con fuerza la necesidad humana de la fraternidad libremente elegida en la que se puedan desarrollar los lazos de amistad que hagan posible el diálogo entre personas, del que todos emergen cambiados y enriquecidos. La apuesta del humanismo cristiano es clara: es únicamente en la comunidad real de los que comparten el pan y la vida donde se pueden romper nuestros espejos de Narciso y hacer brillar la bondad y la verdad que hay en cada uno de nosotros, aun dentro de vasijas de barro. Como si estuviera haciendo una referencia directa al antiguo mito griego, dice con precisión y poesía el libro de los Proverbios: «Como en el agua un rostro refleja otro rostro, así el corazón de un hombre refleja el de otro hombre» (Proverbios 27,19).

Para llegar a conocer mi corazón, por tanto, necesito de un espejo humano, que, con amor, esté dispuesto a revelarme mi verdad,

y, a su vez, esté dispuesto a conocer la suya.
A diferencia de la propuesta psicoanalítica
clásica de Freud, en la que el acompañan-
te se convierte en una sombra silenciosa a
modo de Eco, que solamente va reflejando
lo que yo le ofrezco, el humanista Fromm
entendió que sin el Logos no se puede dar
el arte de escuchar, en el que aprendemos a
abrazar nuestra humanidad, y para el cual es
imprescindible la empatía: «Esta empatía
tiene como condición una gran capacidad
de amar. Comprender a otro significa amar-
lo: no en sentido erótico, sino en el sentido
de entregarse sin miedo a perderse», con-
cluye al final de su obra, equiparando el diálogo empático con el amor (*ib*, 200).

Desde una perspectiva cristiana, finalmente, nosotros podemos afirmar que el
Logos *es* Amor, la palabra de Dios que «se
hizo carne, y puso su morada entre nosotros» (Juan 1,14). El Logos es el diálogo de
amor con el que Dios se acerca a cada ser
humano para sacarlo de su ensimismamiento y mostrarle su belleza original. Quienes

acepten su llamada se descubrirán habitados por aquel que rompe nuestra soledad al convertirse en el huésped del alma, pues esa es su invitación: «Mira que estoy a la puerta y llamo; si alguno oye mi voz y me abre la puerta, entraré en su casa y cenaré con él y él conmigo» (Apocalipsis 3,20).

A modo de epílogo: la comunidad, escuela de humanidad

Iniciamos esta reflexión recordando las heridas narcisistas que observaba Freud en la humanidad moderna a principios del siglo XX. En la actualidad, como hemos visto, el narcisismo reviste nuevas formas y, antes que haber menguado, ha crecido y se ha transformado en un narcisismo cultural, compartido por sociedades enteras. El delirio de omnipotencia que se ha extendido a lo largo y ancho del mundo amenaza seriamente la sostenibilidad del actual modelo de vida, pues consume los recursos finitos del planeta guiado por la ideología del crecimiento y desarrollo sin fin.

Por otro lado, la soledad que conlleva este modelo social para los individuos tiene hoy un profundo impacto en las relaciones humanas, y afecta de forma singular al necesario desarrollo de redes de diálogo y de comunicación interpersonal en las que todos pudieran salir enriquecidos y complementados en sus vidas. Frente al miedo a la soledad surgen nuevas formas de integración, muchas veces buscando identidades grupales fuertes alrededor de ideologías políticas, deportivas, religiosas, nacionalistas o de otros tintes excluyentes que rechazan precisamente la posibilidad de conocer y valorar positivamente al otro, a los demás. Una comunidad integradora que logre construir un proyecto para el bien común, sin embargo, necesita poder sumar a partir de la diversidad de sus integrantes, huyendo de la uniformidad que imponen los líderes narcisistas a sus seguidores con la promesa de la seguridad y certeza que ofrece la pertenencia a un colectivo cerrado y definido.

La fe cristiana, desde sus orígenes, ha propuesto que la experiencia comunitaria es el lugar idóneo para establecer vínculos en la diversidad y lograr un encuentro dialogado con el prójimo. A pesar de los inevitables conflictos de convivencia y el siempre complejo equilibrio que significa gestionar la pluralidad, la apuesta de los seguidores de Jesús fue la de establecer pequeños núcleos o «Iglesias» domésticas en los que se pudieran integrar hombres y mujeres, ricos y pobres, judíos y paganos, como atestiguan con gran detalle todos los escritos neotestamentarios. A medida que fue desarrollando su doctrina, propuso además una serie de pasos para la vivencia de esta pertenencia a una comunidad real de vida, que hoy conocemos como sacramentos, los cuales nos recuerdan que la persona está llamada a integrarse en una realidad más amplia que la del individuo: la comunidad.

En este sentido, los sacramentos de iniciación cristiana son claramente signos de esa pertenencia: en primer lugar, a la comunidad de los hijos de Dios (Bautismo), seguidamente a la comunidad que forma el cuerpo de Cristo (Comunión) y finalmente a la comunidad misionera guiada por el Espíritu (Confirmación). De igual manera, los sacramentos de elección, la vida matrimonial y el ministerio ordenado, expresan una misma opción comunitaria, aún en distintos modos: elijo vivir con y para el otro, a quien me entrego y confío, sea mi pareja y familia o una comunidad que me sea confiada. La vida religiosa, como la conocemos hoy, debería por lo tanto ser reconocida con el mismo valor sacramental que tienen el Orden sacerdotal y el Matrimonio, pues implica una opción y compromiso por la vida comunitaria.

Finalmente, los sacramentos de sanación buscan reunir al enfermo (Unción) o al pecador (Reconciliación) con los demás, mediante el perdón y el restablecimiento de su salud física y espiritual, para que se pueda reintegrar a la vida de la comunidad. La finalidad de los sacramentos en la vida de la

Iglesia es, por lo tanto, ayudar a establecer y fortalecer vínculos de comunidad entre sus miembros, para aprender a superar las tensiones que nacen de su diversidad. La comunidad real de vida se convierte, en este sentido, en una verdadera escuela de humanidad, en la que sus miembros se comprometen a dialogar, convivir e integrarse en un proyecto para el bien común que trascienda a los individuos y su natural tendencia al aislamiento y al narcisismo.

La opción comunitaria en cualquiera de sus formas –familiar, religiosa, en agrupaciones civiles, etc.– adquiere hoy un sentido de gran actualidad al brindar un espacio único de pertenencia en la diversidad, guiados por el Logos, el diálogo creativo y creador. Es en estas escuelas de humanidad en las que las personas, a imagen de las primitivas comunidades cristianas, pueden desarrollar una verdadera madurez afectiva y adquirir las habilidades sociales y la empatía que son propias de nuestra especie humana, junto con los valores de la tolerancia, el respeto y la generosidad en las relaciones humanas. Cultivando la verdadera amistad, vamos adquiriendo conciencia de nuestra personalidad y de sus limitaciones, así como aprendemos a regular nuestro comportamiento, incluyendo siempre en nuestras decisiones al prójimo y la realidad del mundo que nos rodea.

Una humanidad madura también implica el reconocimiento de las distorsiones cognitivas a las que tiende todo ser humano, en especial cuando se desarrolla aislado de los demás, aun en un mundo de interconexión digital ilimitada, que hemos analizado en los primeros capítulos de esta reflexión. Estas ilusiones narcisistas se identifican y se van superando en el camino compartido en una comunidad real de vida, especialmente en la vivencia de relaciones de verdadera amistad que, como hemos visto, son las únicas capaces de mostrarnos la verdad de nuestra persona, pues son los demás los que nos alejan de las tentaciones del orgullo narcisista y del pensamiento individualista. La amistad, idealmente, con el tiempo deviene en amor, pues el amor fraterno brota de ella, amor que procura el bien y el desarrollo de la persona amada y la aleja de las trampas del amor a sí misma.

Me gustaría cerrar esta reflexión con la siguiente oración que nos regalan los antiguos, en la esperanza de que el Logos, manifestado en el amor que recibimos de los demás, nos libre de quedarnos atrapados en la soberbia del espejo de Narciso:

Pero ¿quién se da cuenta de sus yerros? De las faltas ocultas límpiame. Guarda también a tu siervo del orgullo, no tenga dominio sobre mí. Entonces seré irreprochable, de delito grave exento (Salmo 19,13-14).

*Para María, amiga mía
y espejo de mi verdad.*

Índice

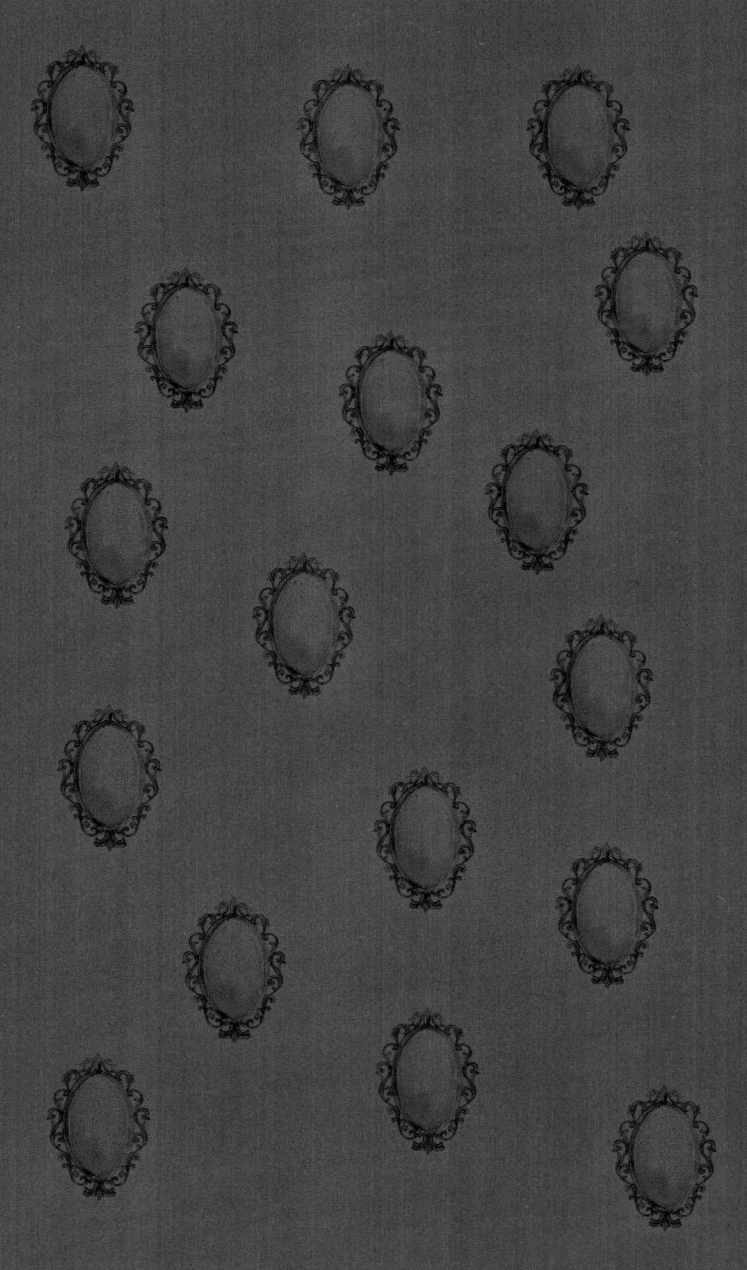

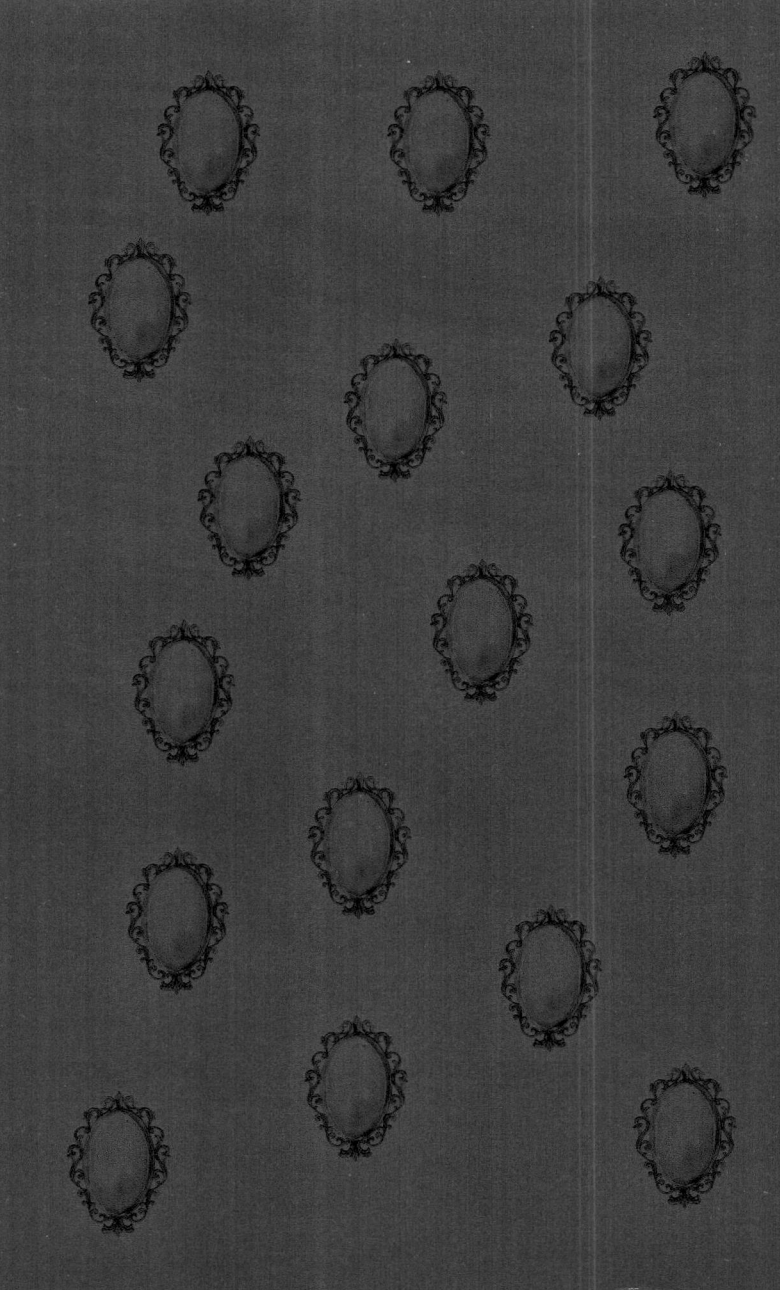